zen

Zauber oder Zucht?

Wort und Bild: Ernst Stürmer

Herder

Titelbild: Aus der offenen Schiebetür seines Zimmers blickt der Zenmeister in einen kleinen Sandgarten, der zur Stille einlädt und das Auge nach innen lenkt.

DRUCK: PLÖCHL, FREISTADT, 1973, BESTELLNUMMER: ISBN 3-210-24445-6

INHALT

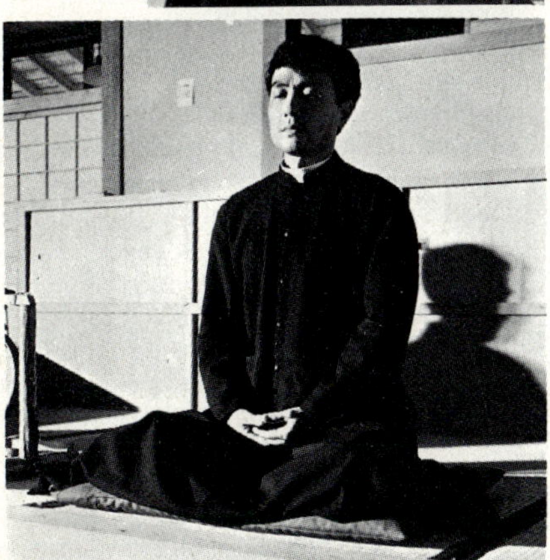

Geleitwort von

Man wird der Hektik des mechanisierten Lebens nicht mehr Herr. Medikamente, soweit es sie überhaupt gibt, haben nur vorübergehende Wirkung, und nachher ist alles wie zuvor. Der heutige Mensch spürt, daß die Heilung oder die Widerstandskraft von innen her, vom Kern der Person, kommen muß. Mit anderen Worten, die Mitte muß gefunden werden. Der Mensch muß zu sich selbst kommen.

Das heißt aber nicht, daß der Mensch ich-konzentriert werden muß. Das wäre eine grundsätzlich egoistische Einstellung. Dabei würde der Mensch noch kränker, als er schon ist, und überdies hätten seine Mitmenschen mehr zu leiden als bisher.

Im Gegenteil, dieses Ich, das man als empirisches Ich bezeichnen könnte, muß verschwinden, damit das tiefste Ich gefunden werden kann. Wenn der Mensch sein tiefstes Ich, das irgendwie Anteil hat am ungeteilten absoluten Sein, findet und darin feststeht — so ahnt er —, ist er geborgen, selbst wenn er mitten im sozialen Leben steht. Und er soll nicht der Welt entfremdet werden. Was er unternimmt, darf keine Flucht sein. Er muß so in der Welt leben, daß er ihr hilft und selbst dabei überlebt und glücklich ist.

Kurzum, der Mensch sucht nach einer neuen inneren Lebensform.

Die innere Lebensform war in der Vergangenheit für viele der traditionelle religiöse Glaube, der in der menschlichen Gesellschaft lebte, heute aber immer mehr zu schwinden droht. Der Mensch findet dort keinen Halt mehr oder doch nur in geringem Maße.

Freilich ist die gesuchte neue innere Lebensform zutiefst mit dem Religiösen verbunden, wobei Religion in ihrem Wesen verstanden ist — als eine Kraft, die den Menschen innerlich einigen kann. In diesem Sinne ist sie ihm unentbehrlich.

Nun sind die östlichen ~~Meditationsmethoden,~~ speziell das Zen, das in diesem Bildband

H. M. Enomiya Lassalle

illustriert wird, Wege zur Findung des tiefsten Selbst. Das scheint, bewußt oder unbewußt, die große Anziehungskraft des Zen zu sein, trotz der mit dem Vollzug seiner Meditation verbundenen Opfer körperlicher und geistiger Art.

Andrerseits hat das Zen den Vorteil, daß es nicht nur in der Form der Meditation (zazen) lebt, sondern auch in den sogenannten „Wegen", wie z. B. in der Teezeremonie, im Blumenstecken, Fechten oder Bogenschießen. Alle „Wege" (dô) atmen den Geist des Zen und können, wenn nicht bis zur Erleuchtung, so doch zu anderen Wirkungen der Zenmeditation führen, wie inneres Gleichgewicht, Konzentrationskraft und Erhöhung der intuitiven Erkenntniskraft. Sie können zu einer inneren Lebensform verhelfen, die den Menschen den inneren Halt finden läßt, den er braucht, um die Hektik des mechanisierten äußeren Lebens zu überstehen. Diese Wege sollen im ersten Teil des Bildbandes gezeigt werden.

Am konzentriertesten lebt das Zen natürlich in den Zenklöstern, wovon im zweiten Teil die Rede sein wird. Dort ist die Meditation Mittelpunkt und Lebensquell, und der Alltag ist bis in alle Einzelheiten vom Zen „inspiriert". Dabei ist natürlich das ganze Leben von der buddhistischen Religion durchdrungen.

Im dritten Teil soll deutlich gemacht werden, daß das Zen, obwohl buddhistischen Ursprungs, auch mit dem Christentum verbunden werden kann. Viele Vertreter der christlichen Kirchen haben das bezweifelt und bezweifeln es vielleicht jetzt noch. Im Laufe der letzten Jahre hat sich jedoch mehr und mehr die Auffassung durchgesetzt, daß diese Möglichkeit wirklich besteht. Selbst buddhistische Zenmeister sind dieser Ansicht. Es ist zu hoffen, daß die Darstellungen des Bildbandes zu einem besseren Verständnis des Zen und dessen innerer Verwandtschaft mit dem Christlichen, besonders der christlichen Mystik, beitragen.

Einführung

Im Zen gilt der Grundsatz: Die wissen, reden nicht, und die reden, wissen nicht.
Dennoch wurden und werden viele Worte über das Zen verloren.
Bilder über das Zen aber sind rar, ganz rar. Die Zenklöster, jeder Propaganda abhold, schirmen sich gegen Neugier ab. Und sollte es zufällig einmal einem Journalisten, als Zensucher getarnt, glücken, sich in das Heiligtum eines Zenklosters zu schmuggeln, mit einer versteckten Kamera wird er sicher nicht hantieren können.
Wenn wir Ihnen einen Band mit Fotodokumenten über das Zen bieten können, so danken wir das in erster Linie einem Mann des Westens, der im Osten als Zenmeister einen hervorragenden Ruf erworben hat: dem deutschen Jesuiten Hugo Makibi Enomiya Lassalle, der von den Zenmeistern Japans als ihresgleichen betrachtet wird. Er war es, der uns die Tore von Klöstern der beiden führenden Zweige des Zen öffnen konnte.
So durften wir ausnahmsweise im Tenryu-ji, einem Kloster der Rinzai-Schule, und im Hosshin-ji, einem Kloster der Sôtô-Schule, fotografieren.
Die Sôtô-Schule verwendet in der Regel kein Kôan (Rätsel) als Konzentrationsmittel. Die Rinzai-Schule aber pflegt besonders die Kôan-Übung.
Auf den ersten Blick ersichtlich ist der Unterschied, daß die Meditierenden im Rinzai-Zen mit dem Rücken zur Wand und im Sôtô-Zen mit dem Gesicht zur Wand hocken.
Daß wir die sogenannten „Wege" des Zen an ihren bedeutendsten Heimstätten fotografieren konnten, so z. B. das Ringen im Mekka des Judosports, im Kodokan in Tokio, und die Teezeremonie in der berühmtesten aller Teeschulen Japans, Urasenke in Kyoto, verdanken wir der Einführung durch Frau Doktor Gabriele Müller, Presseattaché an der

Österreichischen Botschaft in Japan.
Warum sich zahllose Europäer und Amerikaner in unseren Tagen der mühevollen Zen-Übung unterwerfen, hat schon P. Lassalle in seinem Geleitwort angedeutet.
Der Gründe sind viele.
So wird Zen sogar als orientalisches Heilmittel gegen Magengeschwür, Nervenleiden, Kopfschmerz, Schlaflosigkeit oder Herzkrankheit empfohlen.
Und Zen bietet sich als Gegengewicht zum einseitigen Intellektualismus des Westens an. Immer mehr Jugendliche sehnen sich nach dem Unberechenbaren und Unwägbaren. Sie sind einer Gesellschaft überdrüssig, in der der Mensch als rechnerisches Wirtschaftswesen verkümmert und das Leben vorprogrammiert ist. Sie kehren zurück zum Spontanen, Intuitiven und Instinktiven. Sie brechen aus einer verwissenschaftlichten Welt aus, in der das Verstandesmäßige überbetont wird. Sie kehren einer Zivilisation den Rücken, die nur Wissen bietet, aber nicht Weisheit. Sie haben Heimweh nach dem Irrationalen.
Zen ist aber mehr als ein Balsam für zerrüttete Nerven. Und Zen ist mehr als ein Schutzmittel gegen die Entfremdung des Menschen. Das sind gleichsam die Trostpreise, die das Zen spendet. Der Lohn des Zen aber ist die Erleuchtung.
Wenn wir die Interessierten mit unserem Bändchen an die originale Zenpraxis in Japan heranführen, so tun wir das — gemäß dem japanischen Sprichwort: „Einmal sehen ist besser als hundertmal hören" — vor allem mit Bildern.
Freilich, wer es unternimmt, über Zen zu berichten, sei es durch Wort oder Bild, gleicht dem Maler, der einen Tiger zeichnen wollte und erkennen mußte, daß ihm nur eine Katze gelang.

Ernst Stürmer

JUDO

Weg des Ringens

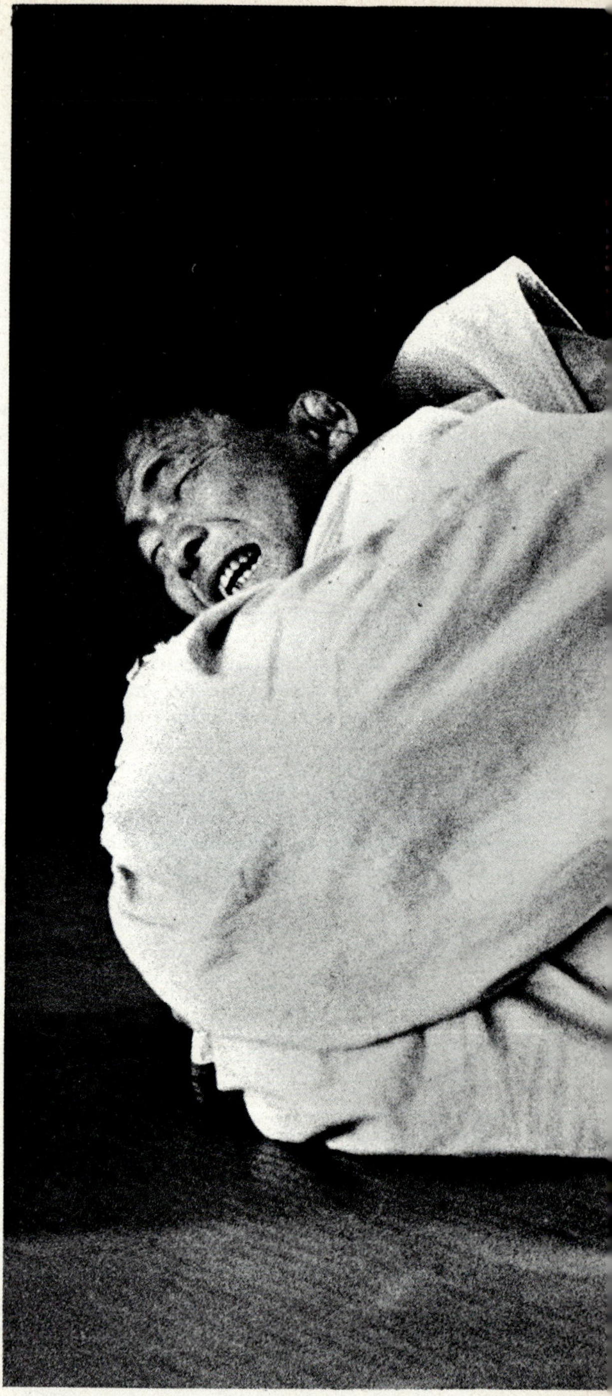

„Sportmönche" hat sie jemand genannt, die Ringer, die Schützen und die Fechter Japans, weil sie in erster Linie nicht Leibesübungen betreiben, sondern Geistestraining und Seelenzucht.
Und den Teekult, das Blumenstecken und das Schönschreiben zelebrieren die Japaner als weihevolle Andacht. Was also auf den ersten Blick aussieht wie Sport oder Kunst, ist in Japan im Grunde Kult.
Das Ringen nennen die Japaner Judô, das Bogenschießen Kyu-dô, das Stockfechten Ken-dô, die Teezeremonie Cha-dô, das Blumenstecken Ka-dô und das Schönschreiben Shodô. Die Endsilbe lautet jedesmal „dô". „Dô" heißt Weg.
Judô, Kyudô, Kendô, Chadô, Kadô und Shodô sind nämlich in ihrem

Judô, die „sanfte Kunst", ist der international bekannteste aller Zen-„Wege".

VORSCHULEN DES ZEN

Kern religiöse Lebenswege. Heilswege. In ihnen verkörpert sich das Zen.

Die beiden Gegner halten sich am Kragen oder an den Ärmeln des weißen „Kimonos" fest und tänzeln hin und her. Einer der Kämpfer stößt im Augenblick des Angriffs einen markerschütternden Schrei aus, um den Gegner aus der Fassung zu bringen. Es folgt ein dumpfer Fall, der Sturz des Besiegten. Oder es wird der Angreifer zu Fall gebracht, wenn der Angegriffene katzengewandt ausweicht und das Gewicht des Gegners zu seinem Vorteil nützt. Der besiegte Judôkämpfer erhebt sich, und der Sieger verneigt sich vor ihm.

Judô bedient sich der Wurftechnik: im Unterschied zum Karate, das die Schlagtechnik anwendet.

Judô ist die Kunst, die Kraft des Gegners gegen ihn selbst anzuwenden.
Die waffenlose Kunst der Selbstverteidigung wurde 1964 bei der Olympiade in Tokio in die Reihe der olympischen Sportarten aufgenommen.
Jenseits des Sports ist aber Judô eine Zenübung der Selbstpreisgabe. Wer sich von sich selbst gelöst hat, handelt nicht mehr wissentlich und willentlich, sondern intuitiv und spontan. Er ist von solcher Wachsamkeit, daß er die Absichten seines Gegners durchschaut, bevor sie in die Tat umgesetzt werden. Sprungbereit, frei von jedem Zögern und Zaudern, lenkt er die Bewegungen des Gegners so, daß dieser seiner eigenen Stärke zum Opfer fällt.

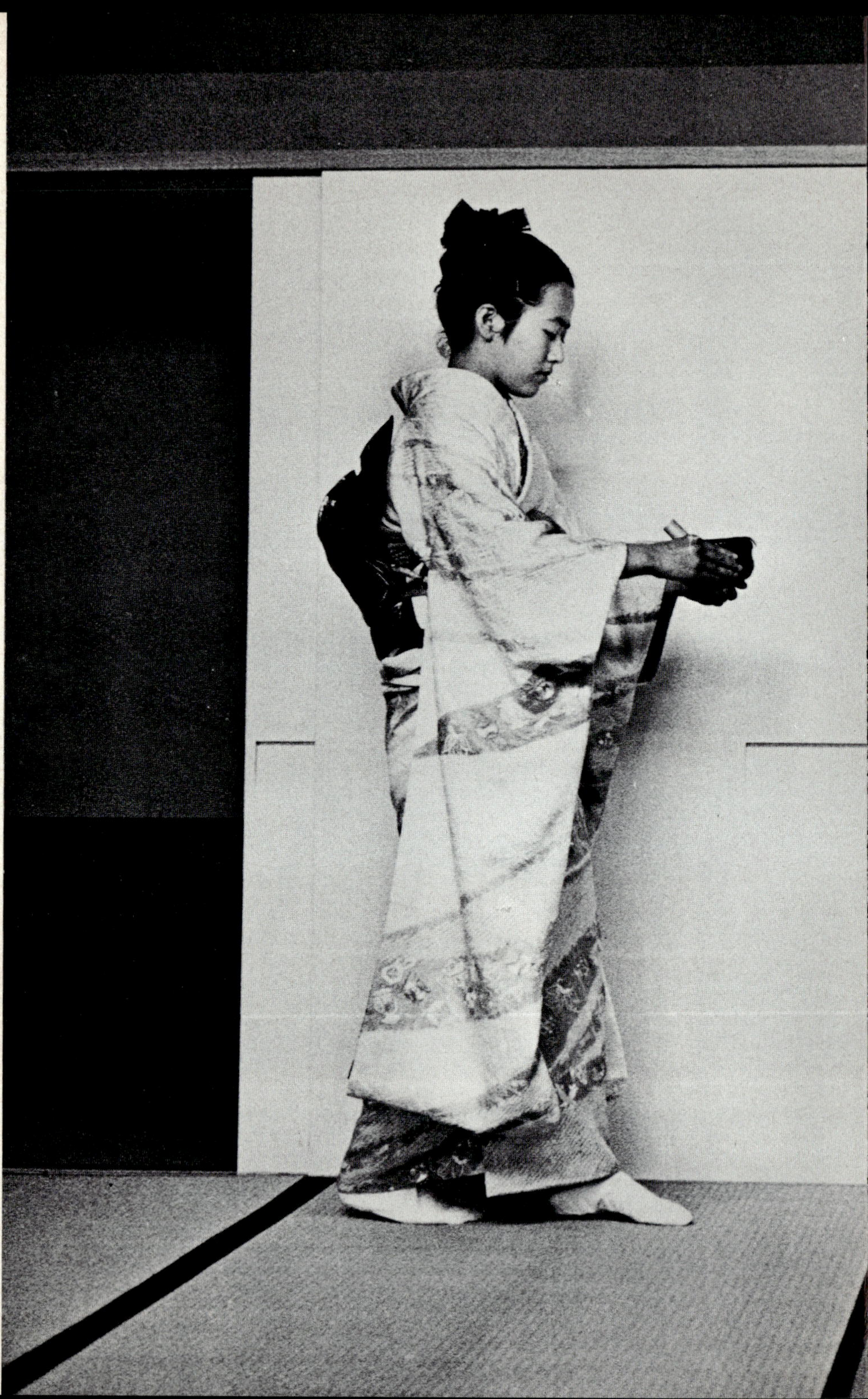

CHADO

Weg des Tees

In seinem Ärger, bei der Meditation vom Schlaf übermannt worden zu sein, schnitt Bodhidharma, ~~der Stifter des Zen~~, seine Augenwimpern ab. Sie fielen zu Boden, und es entsprossen ihnen die ersten Teepflanzen. Das ist der legendäre Hintergrund des japanischen Sprichwortes: „Zen und Tee haben das gleiche Aroma".
Die Zenmönche im alten China verdankten jedenfalls dem Teestrauch das anregende Getränk, das sie gegen Müdigkeit wappnete. Dank des schlafhindernden Tees blieben sie bei der Meditation wachen Geistes.
Der Mönch Eisai (1141 – 1215) ist in Japan der Vater des Zen – und der Vater der Teekultur. Er brachte, als er 1191 von einer Chinareise in sein Vaterland Japan zurückkehrte, das Zen und den Teesamen mit.
Zenmönche entwickelten die Urform der Teezeremonie, die in den Klöstern gepflegt wurde. Vollendet wurde das zeremonielle Teetrinken von dem im Zen lebenden Großmeister des Teeweges Rikyu (1521 – 1591).
Der Teemeister schreitet zum Kessel, in dem das heiße Wasser über dem Feuerbecken mit glühenden Holzkohlen brodelt. In gemessener Bewegung gibt er mit einem Bambuslöffelchen grünen Pulvertee aus der Teedose in die Teeschale. Der Meister schöpft mit einer Kelle kochendes Wasser auf das grüne Pulver in der Schale und schlägt mit einem Bambuspinsel den dickflüssigen Tee, bis er schäumt.
Ein Gehilfe serviert die Schale mit dem fertigen Tee den Gästen, die sie auf den Knien in Empfang nehmen. Der erste Gast setzt die henkellose Teeschale, ein asymmetrisches Gefäß von heimlicher Schönheit, auf die Fläche der linken Hand und faßt sie mit der rechten. Er nimmt schlürfend dreimal einen Schluck. Dann säubert er mit einer Papierserviette den Rand, den seine Lippen berührt haben, und reicht die Schale dem nächsten Gast.
Das sind die Schwerpunkte eines langwierigen Rituals, das vier Stunden (abgekürzt 1 Stunde) währt.
Eine Teezeremonie, die noch nicht verweltlicht ist, erfordert mehr, als die Kunstfertigkeiten des Zubereitens, Servierens und Trinkens des Tees souverän zu meistern. Der Teekult zielt auf ein Zenerlebnis ab. Das Herz gibt sich der ausgefeilten Etikette, allen Feinheiten und Förmlichkeiten so hin, daß der „Teemensch" seiner selbst nicht mehr bewußt ist und sich über die Sinnenwelt erhebt.

Jeder Schritt der Teemeisterin ist gemessen . . .

KYUDO Weg des Bogens

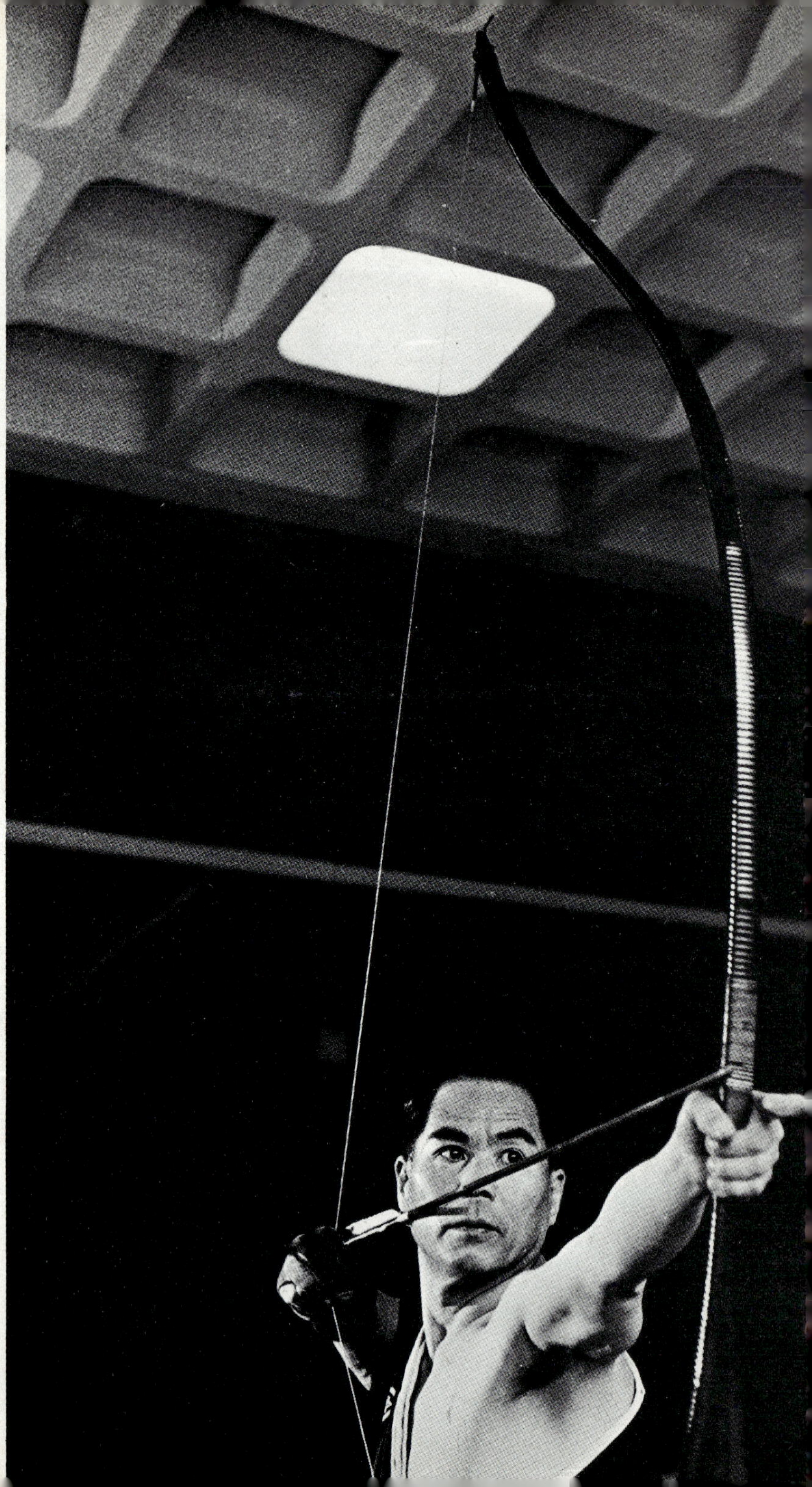

Zeremonien des Kniens, Schreitens und Verbeugens dienen der inneren Sammlung.

Bogenschießen diente, wie Ringen und Fechten, in der kriegerischen Ritterzeit Japans ursprünglich dem Kampf auf Leben und Tod.

Das Zen hat das Bogenschießen wie die anderen „Wege" zu einer Schule des Sichvergessens gemacht. Der Meister des Pfeiles und Bogens verliert sich in das Spannen der Sehne und das Lösen des Schusses.

Daß das jahrelanges körperliches und geistiges Training erfordert, berichtet Eugen Herrigel, ein deutscher Philosophieprofessor, der in Japan das Bogenschießen erlernt hat, um sich dem Zen zu nähern, aus eigener Erfahrung.

Nach einem Jahr konnte er den 2 m hohen Bogen mit erhobenen Armen locker und gelöst spannen.

Nach drei Jahren löste er den Schuß nicht mehr absichtlich („Der Schuß fällt von selbst ab wie eine reife Frucht").

Nach fünf Jahren traf er, ohne zu zielen, also absichtslos.

In müheloser Spannung wartet der Bogenmeister, bis der Pfeil wie ein Blitz abschnellt.

Der Fluß der Zeit spiegelt sich in jedem Blumengebilde. Der Frühling ist gekennzeichnet durch ein lebendiges, schwungvolles, kräftiges Arrangement, der Sommer durch ein üppiges, der Herbst durch ein sparsames, dürres, und der Winter durch ein schlafendes, düsteres, träumerisches. Volle Blüten deuten die Vergangenheit an, halboffene Blüten die Gegenwart und noch nicht erblühte Knospen die Zukunft.

Weg
der
Blumen

KADO

In besinnlicher Gelassenheit prüft die Blumenmeisterin abtastend Zweige, Äste, Blumen, Gräser, Schilf, Blätter, Stengel, Blüten oder Hülsen nach ihrer Verwendbarkeit.
Die Künstlerin beginnt mit dem Stekken der drei Hauptzweige, einem hohen (= Himmel), mittleren (= Mensch) und niederen (= Erde) und fügt in verästelnder Ausschmückung die Nebenlinien hinzu.
Die harmonische Blumenschöpfung, die aus einer Wurzel herauszuwachsen scheint, versinnbildet den Erleuchtungszustand des Zen (Himmel, Mensch und Erde sind eins).
Die japanische Blumenkunst wurzelt in der kultischen Sitte buddhistischer Tempel, die Altäre mit einem Blumenarrangement zu schmücken, das den hl. Berg Shumisen, das Symbol für das All, darstellt.
Wenn es noch nicht jede religiöse Bindung eingebüßt hat, ist das Blumenstecken beseelt vom Geist des Zen. Es ist ein Weg der Selbstbefreiung, indem der Blumenkünstler eins wird mit dem, was er tut.

Bevor sich die Meisterin ans Werk macht, ergründet sie jeden Halm, und zum Schluß wird das fertige Kunstwerk gegossen.

Die flinke, ungehemmte, rückhaltlose Reaktionsfähigkeit der Schwertkämpfer ist verblüffend. Verlierer ist der verkrampfte Zauderer, der noch dem Ich verhaftet ist.

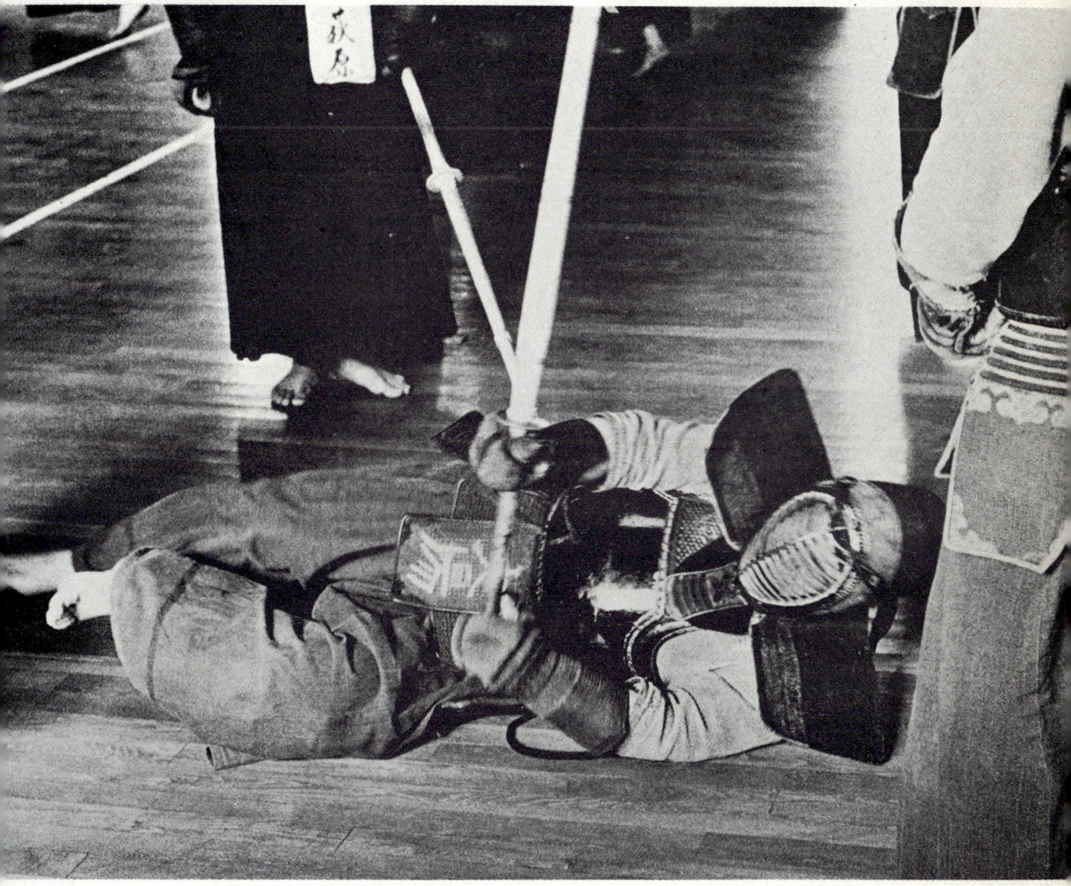

Das Schönschreiben ist in Japan von alters her ein Kunstzweig.

SHODO Weg des Schreibens

Im goldenen Heian-Zeitalter (794–1185) mochte ein edles Fräulein einen noch so bestrickenden Liebreiz besitzen, wenn ihre Schönschrift zu wünschen übrig ließ, fand sie kaum einen Mann von Adel.
Von einem Kaiser im 15. Jahrhundert wird berichtet, er sei so verarmt gewesen, daß er sich seinen Lebensunterhalt mit Schönschreibarbeiten verdiente, die er in den Straßen der alten Hauptstadt Kyoto verkaufte.
Bis heute spielt die Schriftkunst eine Hauptrolle in Japans Kultur.
Der Schönschreiber reibt Tusche und breitet eine Papierrolle aus. Er ent-

Der Meister stempelt sein Kunstwerk, wenn es vollendet ist. Schriftkunstblätter werden in Japan nicht nur in Museen ausgestellt, sondern auch in Warenhäusern, die Einkaufszentren und Kulturinstitutionen in einem sind.

Die kunstvolle Pinselschrift, spielerisch getupft, von innen heraus unwiderruflich hingeworfen, findet in Japan viele fachkundige Interessenten. Die freibleibende Leere auf der Schriftrolle ergänzt die Wirkung der „Spuren in Tusche“.

„Es ist wie in einem Zenkloster", pflegen die Japaner zu sagen, wenn irgendwo blitzblanke Sauberkeit und sorgfältige Ordnung herrschen.

Die Reinlichkeit des Zenklosters ist also sprichwörtlich.

Die Mönche sind fegende, schrubbende, waschende, wischende, spülende, schwemmende, flickende, handwerkende Mädchen für alles.

Sie entfernen Spinnweben und Staub, jäten Unkraut im Gemüsegarten, pumpen Wasser und schleppen Kübel, sammeln im Wald dürres Reisig und welkes Laub für den Koch, der nur Abfälle als Brennmaterial verwenden darf.

Ohne zu murren und zu klagen, arbeiten die Zenmönche wie Knechte, und sie finden selbst sogenannte niedrige Verrichtungen, wie das Putzen der Latrine, nicht unter ihrer Würde.

Von alters her pflegen die Zenklö-

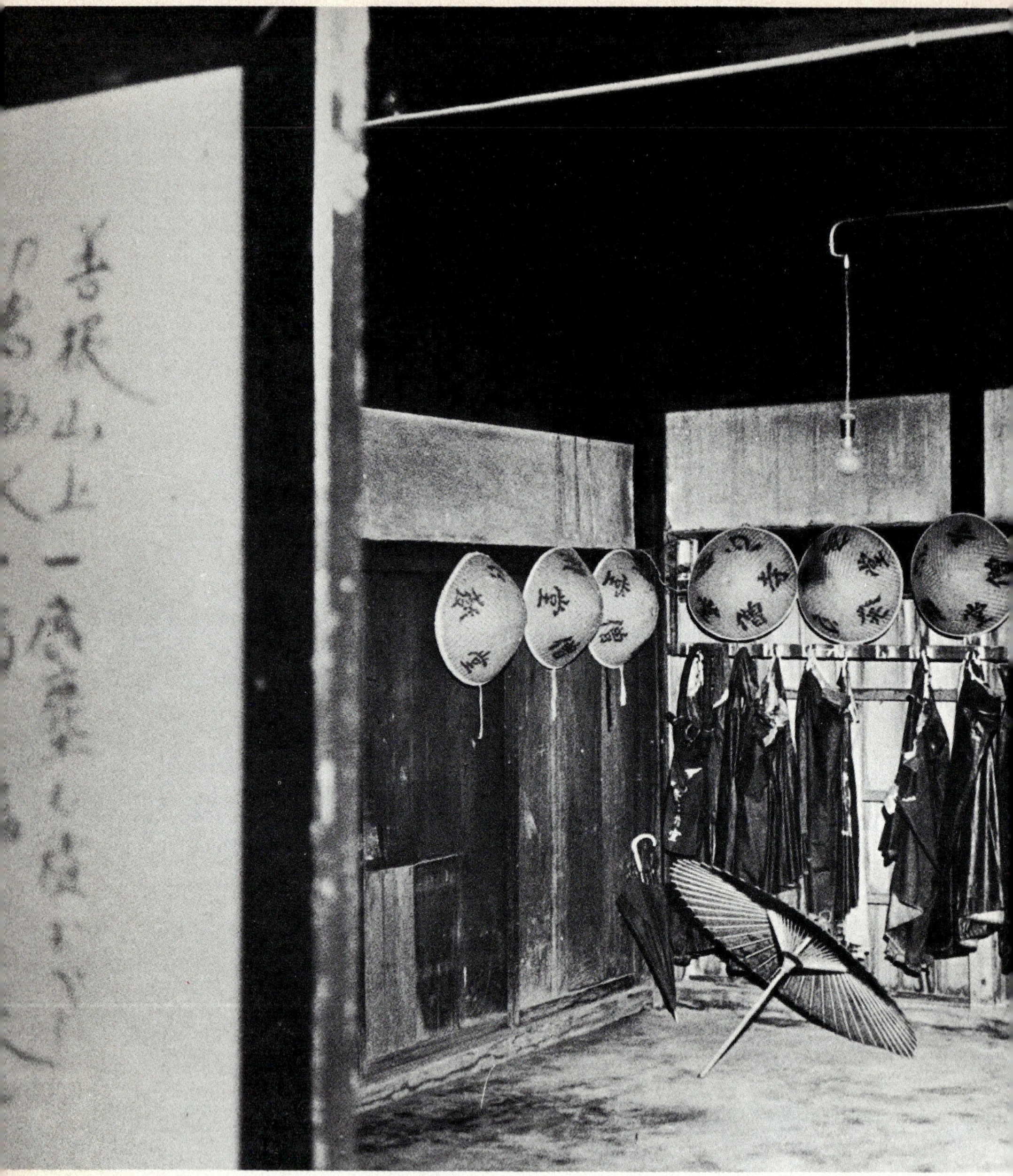

Der herbe Hauch der Anspruchslosigkeit durchweht das Zenkloster, dessen Räume (im Bild: Garderobe mit Bettelkleidung) den Geist schmuckloser, strenger Einfachheit atmen. Auf dem Weg nach innen ist alles Äußerliche Ballast.

ster die anstrengende, grobe Körperarbeit, die den Blutkreislauf der Mönche erfrischt.

Der fünfte Zen-Patriarch, Hung-jên (601—674), so berichten seine Lebensbeschreibungen, habe tags gearbeitet und nachts in schweigendem Hocken meditiert.

Und sein Schüler und Nachfolger Hui-nêng (637—713) war 8 Monate in die Arbeit vertieft, Holz zu spalten und die Reismühle zu treten.

Vor allem aber war es Pai-chang (720—814), der die Handarbeit zu einem Pfeiler des Mönchslebens gemacht hat, neben der Meditation, dem Kult und dem Betteln.

Pai-chang war es, der den von allen Zenklöstern beherzigten Grundsatz geprägt hat: „Ein Tag ohne Arbeit ist ein Tag ohne Essen."

Er selber ging mit gutem Beispiel voran. Er wies die Nahrung zurück, als ihm die Mönche sein Gartenwerkzeug mit der Begründung versteckt hatten, er sei zu alt für Schwerarbeit und möge sich schonen.

Pai-chang hat die Lebensform der Zenjünger-Gemeinschaft durch eine Klosterordnung geregelt. Hätte er den mystischen Strom des Zen nicht in das Flußbett einer mönchischen Ordnung geleitet, der Strom wäre wohl in Uferlosigkeit verronnen und versickert.

Die Bedürfnislosigkeit der indischen Wanderasketen („ein Gewand und eine Almosenschale, unter einem Baum und auf einem Stein") war das Vorbild der Zenmönche, deren Habe aus zwei Kutten, ~~einem~~ 4-5 Reistöpfe und einem Rasiermesser besteht.

Ein Neuling wird im Kloster erst aufgenommen, wenn er zwei Tage bittend am Tor gewartet und 5 Tage und Nächte in einer leeren Zelle, vor einer Wand hockend, ausgeharrt hat.

Er muß also den Zenmeister überzeugen, daß er ein ernsthafter Wahrheitssucher ist.
So erging es schon dem ersten Zenschüler der Geschichte, Hui-k'o (487–593).
Hui-k'o, ein gelehrter, scharfsinniger Mann in der Vollkraft der Jahre, suchte, unbefriedigt von Forschung und Studium, den Seelenfrieden bei Bodhidharma, dem Zen-Begründer und ersten Patriarchen, der ihn aber abwies.
Hui-k'o, unbeirrt, wich tagelang nicht von der Stelle, obwohl er im Schneesturm bis zur Hüfte eingeschneit wurde. Bodhidharma, der im Hocksitz eine Felswand anstarrte, ließ sich nicht erweichen, bis Hui-k'o, wie die Legende berichtet, das Schwert zog und sich den linken Arm abhackte, um seinen brennenden Eifer und seine unbeugsame Entschlossenheit zu bezeugen.
Hui-k'o wurde der Nachfolger und Geisteserbe Bodhidharmas.
Das Zen-Ideal ist Kargheit. Eine Fläche von 1 x 2 m auf der Plattform der Meditationshalle steht jedem Mönch zur Verfügung, tags für die Sitzübungen, nachts als Schlafplatz für eine fünfstündige Nachtruhe. Bevor um 22 Uhr die Lichter gelöscht werden, rollt der Mönch seine wattierte Schlafmatte aus, faltet sie der Länge nach und benützt die eine Hälfte als Matratze, die andere als Zudekke. Das Umkleiden erspart er sich: die Tages- und Nachtkleidung ist dieselbe.
Um 3 Uhr früh wird er auf seinem harten Nachtlager geweckt, er verstaut sein Bettzeug und taucht sein Gesicht in das kalte Wasser des Brunnens, das seine Schlaftrunkenheit verscheucht.

Der Zenmönch entbehrt nicht, was er nicht hat. Verlust ist ihm Gewinn.

„Wolke-Wasser" werden die Zen-Novizen genannt. Schwebenden Wolken und strömenden Wassern gleich sind sie unterwegs als rastlose Pilger auf der Suche nach erleuchteter Weisheit.

Die begierdelosen Bettelmönche des Zen sind keine Opfer der Reizwerbung und des Konsumzwanges.

Daß die Genügsamkeit eines Zenklosters aber nicht natur- und lebensfeindlich ist, beweisen die Zenmönche, die ein hohes Greisenalter zu erreichen pflegen. Zenmönche bleiben jung, wenn sie alt werden.
Obwohl die Zenmönche von ihrer Hände Arbeit leben, betteln sie. Sie betteln, um Demut zu üben.
Im Gänsemarsch trotten sie, den Bettelsack auf der Brust hängend, durch die Straßen und Gassen und erbitten mit dem Ruf „Hô" („Lebendige Wahrheit") an den Läden und Türen Geld oder Reis.
Der strohgeflochtene Hut verdeckt das Gesicht des Mönchs, so daß der Spender den Empfänger und der Empfänger den Spender nicht erkennt. Wer Gutes tut, erwartet keinen Dank und erwirbt kein Verdienst.
Die Bettelmönche des Zen sind ein stummer Protest gegen die Habgier der Umwelt, die nicht müde wird, Besitztum und Macht an sich zu raffen. Den Zen-Habenichts mit der Betteltasche berühren Ruhm und Reichtum nicht.
Die Flüchtigkeit und Vergänglichkeit

天龍僧堂
天龍

1200

Um Dankbarkeit zu lernen und jeden Dünkel zu brechen, betteln die Zenmönche um Almosen.

der Erdendinge, der Wechsel und Wandel, lehren ihn den Gleichmut. „Was nützen Ehre und Gewinn? Am Morgen rote Wangen, am Abend bleiches Totengebein" (Zenmeister Musô).

Ein voller Bauch ist ein Feind des Zen. Die Zen-Übenden sättigen sich mit rein pflanzlicher Kost nur zu dreiviertel oder halb.

Seit Hunderten von Jahren stehen Kartoffel, Kräuter, Sesam, saure Pflaumen, schwarze Bohnen, Pilze und Lotuswurzeln auf dem Speisezettel der Zenklöster. Ebenso Grütze, Graupen, Bohnenquark, Seealgen, Rettich. Und natürlich Reis.

Wohl ist Schmalhans Küchenmeister. Doch die spärliche Kost ist nahrhaft. Der nagende Hunger des Fastens ist dem Zen fremd, der von Buddha gelernt hat, daß Selbstpeinigung und Kasteiung nicht zur Erlösung und zum Heil führen.

Das Frühstück ist im allgemeinen um 5 Uhr, das Mittagessen um 11 Uhr. Eine dritte Mahlzeit war ursprünglich nicht eingeplant. Die buddhistischen Mönche im alten China nahmen nur zweimal und im alten Indien nur einmal am Tag Nahrung zu sich. Das rauhere Klima führen die Zenmönche Japans als Entschuldigung an, wenn sie um 16 Uhr die Reste des Frühstücks und des Mittagstisches als Eintopf essen. Um ihr Gewissen zu beruhigen, nennen sie die dritte Mahlzeit „Arznei", „Gesundheitsimbiß", „medizinische Nahrung".

Das Schweigen wird beim Essen nicht unterbrochen. Eine Zeichensprache erspart jedes Wort. Die Mönche kauen lautlos und handhaben Eßstäbchen und Schalen geräuschlos. Kein Geplapper und kein Geklapper stören die Stille.

Im Zenkloster werden weder Fleisch noch Fisch, weder Eier noch Milch aufgetischt, also keinerlei tierische Nährstoffe.

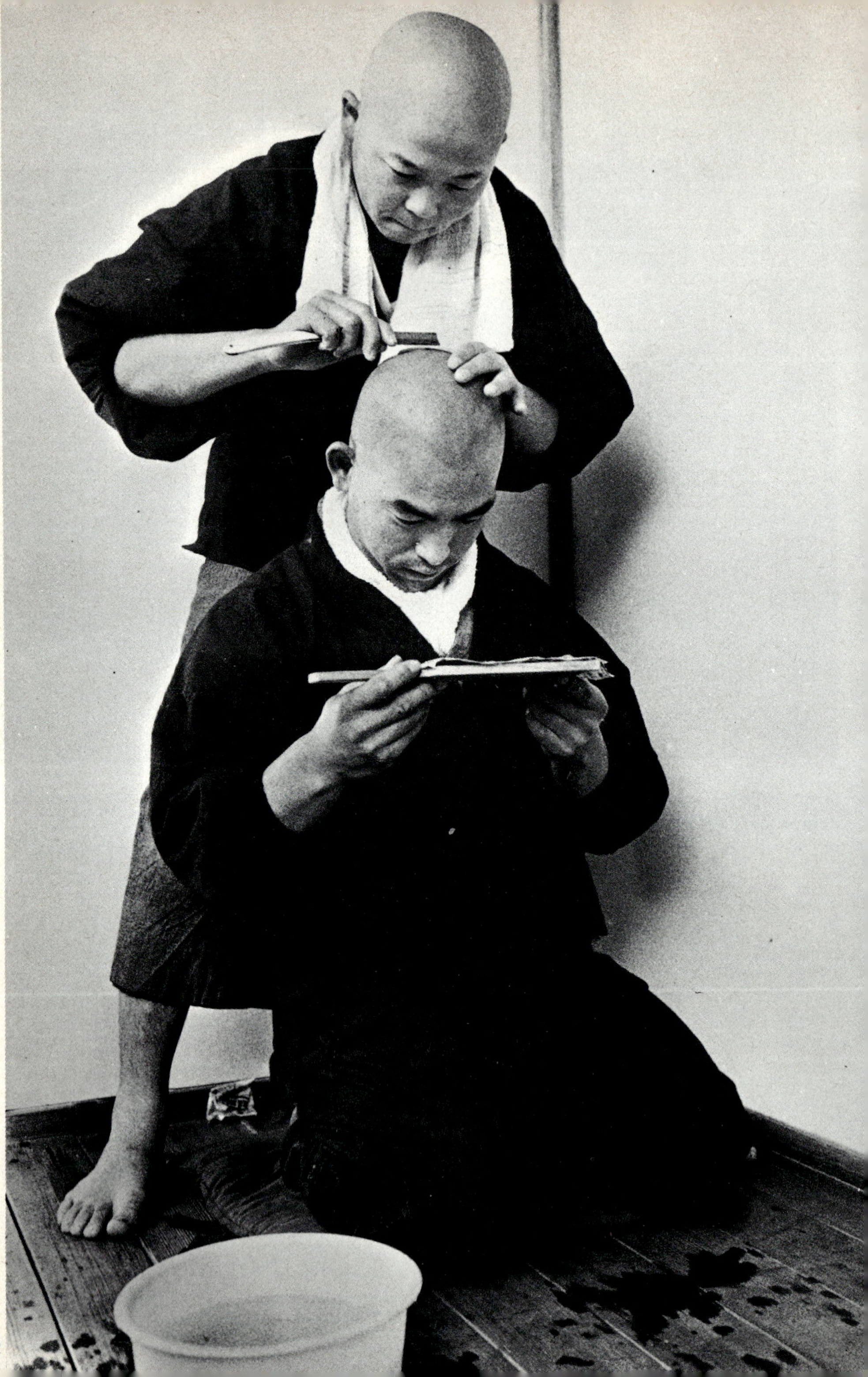

Zen-Garten: Im Sandmeer, von Wellenfurchen belebt, schwimmen die Steinblöcke wie Inseln.

Zenklöster nisten meist in Waldfrieden und Bergeinsamkeit, wo Vögel zwitschern und Grasmücken zirpen, wo der Bach murmelt und der Wind rauscht.

Knorrige Föhren mit Nadeln wie Wimpern, bizarre, abgestorbene Wurzeln, Moosteppiche, aus einem Bambusrohr rieselndes Wasser, stille Lotusteiche, Schilf, Farne, Wasserfälle, zahme Rehe, geharkter Sand und Felsbrocken bilden die stimmungsvolle, verzauberte Naturkulisse der Zentempel.

Das Zen entfaltet sich im Schoß der Natur. Die Zenjünger werden eins mit der Natur.

Zen spendet den Segen der Stille selbst in einer donnernden, dröhnenden, hallenden, blitzenden, zuckenden, flimmernden Welt, die zur Folterkammer für Augen und Ohren geworden ist.

Die Söhne und Töchter Nippons, die der Natur gleichsam mit gefalteten Händen begegnen, fühlen sich entwurzelt in einer künstlichen Welt der Naturferne, in der die Erde begraben ist unter Beton und Teer.

Wie in ein Gebet versunken, können die Japaner, selbst Jugendliche, stundenlang andächtig die Zen-Gärten betrachten, bis sie sich in der Natur verlieren. Im Zen-Garten verdämmert die Alltagshast.

Zenmeister haben die Kunst des philosophischen Gartens entwickelt, eines Gartens aus Sand und Steinen. Ohne Blumen und Pflanzen.

Zen-Gärten sind vergeistigte, durchseelte Natur. Von innen geschaute Natur.
Sie sind ein Abglanz des Zen. Sie sagen mit wenig alles. Die sparsame künstlerische Darstellung der Natur ohne jedes ablenkende Beiwerk offenbart den Zen-Geist, der, von allem Unnötigen entblößt, das Wesen erfaßt.

„Garten der watenden Tigerjungen" nennt der Volksmund den berühmtesten aller Zen-Gärten im Kloster Ryôanji in Kyoto.
Die Steine im Sand – gleichen sie jungen Tigern, die die Tigermutter durch eine Wasserfurt führt?
Oder stellen sie kleine Inseln im Meer dar?
Oder von Wolken umhüllte Berggipfel?
Das ist und bleibt das Geheimnis des Zen-Mönchs Sôami, der den rätselhaften Felsgarten des Ryôanji im 15. Jahrhundert geschaffen hat.
Tiger, Inseln oder Berge? Eine Frage, auf die jeder Zen-Mönch erwidern würde: „Die Antwort liegt in Ihnen selbst."

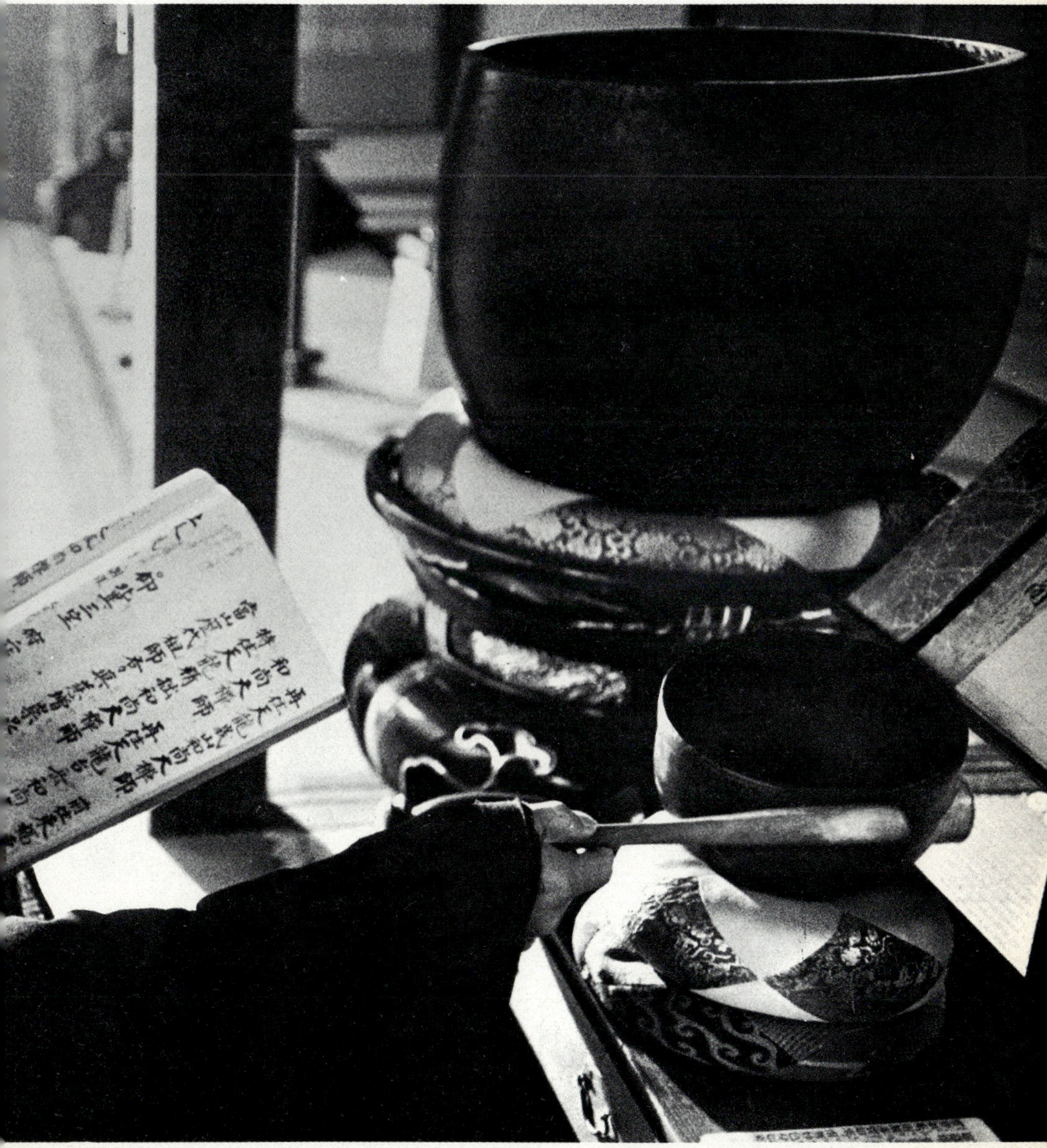

In ehrfurchtsvoller Dankbarkeit sinkt der Zenmeister vor Buddha und den

Der Meister weiht die Mönche in die Geheimnisse des Zen ein.

Wer Zen übt, hockt mit verschränkten Beinen und kerzengeradem Oberkörper auf einem Sitzkissen. Die Zen-Sitzweise ist die natürliche Haltung der Entspannung. Der ganze Körper ist im Gleichgewicht.

menschen, die jedoch die Grenzen des Intellekts erfahren haben.
Meditiert wird täglich, aber achtmal im Jahr ist eine volle Woche ganz der Meditation gewidmet.
Die Mönche sind abgehärtet gegen die Unbilden der Witterung. In der Schwüle des feuchtheißen Sommers klebt die Kleidung klatschnaß am Körper. Die Mönche sind beim Stillsitzen wehrlos den Sturmangriffen von Geschwadern blutsaugender Moskitos preisgegeben.
Und im Winter sind selbst bei grimmigem Frost Türen und Fenster der ungeheizten Zenhalle geöffnet. Den Mönchen pfeift der schneidende Bergwind um die Nase, an deren Löchern sich Eisnadeln bilden.
Höhepunkt der Entsagung im Zenkloster ist „die den Mönch tötende Woche" vom 15. bis 22. Dezember, wenn selbst der Schlaf der Meditation geopfert wird. Die Mönche sitzen und sitzen und sitzen. 8 Tage und Nächte lang. 8 lange Tage und Nächte. Sie schlafen eine Woche nicht. Und sie erheben sich nur, um zum Essen oder auf den Abort zu gehen.
Wer die zu Statuen erstarrten Zen-Übenden in ihrer Selbstvergessenheit beobachtet, könnte meinen, sie schliefen mit offenen Augen.
Doch die Zen-Mönche sind keine dösenden Tagträumer.
„Dösen", erklärte Zenmeister Harada, „hieße Kuhmist kneten. Zen aber ist ein Gefühl, so massiv, als ob das Sitzkissen zum Erdball geworden sei und das Weltall den Unterleib erfüllt, kurz ein Gefühl, wie von Himmel und Erde erfüllt."
Wer wirklich einzuschlafen droht, bittet den Aufseher um einen Schlag mit dem Warnungsstab.
Der paddelförmige Warnungsstab dient freilich erst in dritter Linie dazu, Schläfrige unsanft aus dem Schlummer zu wecken. Sein erster Zweck ist es, den steifgewordenen Körper zu lockern. Sein zweiter, die Schüler wie Rennpferde zu totalem Einsatz anzuspornen.

Der volle Lotussitz Buddhas ist die klassische Haltung bei der Zen-Meditation: der rechte Fuß ruht auf dem linken Oberschenkel, der linke Fuß auf dem rechten Oberschenkel. Die Sohlen sind dabei nach oben gekehrt. Und die Knie berühren den Boden.

zwängen, riskieren wir also, sie im Räderwerk unserer Begriffe zu zermahlen. Suzuki warnt: Wer Zen zergliedert, tötet es, und es bleibt ein erkalteter Leichnam zurück.
Die Erleuchtung öffnet gleichsam ein drittes Auge, ein Weisheitsauge, das einen bildlosen Gesamtblick auf die eigene Natur und die Weltordnung erlaubt. Deshalb wird die Erleuchtung mit Vorliebe eine Wesensschau genannt.
Der Erleuchtete erreicht den innersten Kern seiner selbst: seine Wesenswurzeln. Er taucht hinab auf den Grund des Lebens. Er berührt die Quelle des Seins.
Zen-Philosoph Suzuki sagte: „Im Zen gelangt die Seele in den Vollbesitz ihrer selbst."
Der Buddhist empfindet die Erleuchtung als Erfahrung der letzten und absoluten Wirklichkeit.
Der Christ und Zenmeister Hugo Lassalle SJ aber fragt: „Was ist die letzte und absolute Wirklichkeit anderes als Gott?" Insofern, meint er, ist das Zen zu Gott unterwegs.

Der Begründer des Zen lebt im japanischen Brauchtum als drolliger Glückszwerg fort. Das Maskottchen kehrt aus jedem Taumel ins Gleichgewicht zurück.

Das Zen ist von Indien nach China und von China nach Japan gewandert. Die Wurzel des Zen ist also indisch, die Blüte chinesisch und die Frucht japanisch.

Der Vater des Zen, der indische Mönch Bodhidharma, heißt auf japanisch: Daruma.

Die Zen-Malerei zeigt ihn als grimmigen Mönch von strenger, ehrfurchtgebietender Gestalt, mit drohend aus dem Kopf tretenden Augen.

Doch in der japanischen Volkskunst lebt der populäre Daruma fort als Kinderspielzeug und glückbringendes Stehaufmännchen. Eine fromme Sage erzählt, der Zen-Stifter sei so lange in sitzender Meditation mit untergeschlagenen Beinen verharrt, daß ihm Ober- und Unterschenkel zusammengewachsen sind.

Daran erinnern die gliederlosen, kugelrunden Daruma-Puppen.

Die Darumas sind nicht aus dem Gleichgewicht zu bringen. Wenn sie zu Boden gedrückt werden, erheben sie sich wieder. Das ist es, was sich die wankenden und schwankenden Menschen vom Zen erwarten: Ausgewogenheit.

Jünger des Ignatius von Loyola und des Bodhidharma: Hugo Lassalle.

CHRISTEN ENTDECKEN ZEN

Er hat das Zen für das Christentum entdeckt: Hugo Lassalle SJ.
Hugo Lassalle ist kein menschenfeindlicher Einzelgänger, kein weltfremder Schwärmer, kein lebensferner Träumer, wie man sich im allgemeinen mystische Menschen vorzustellen pflegt.
Er ist dem Leben nie ausgewichen: Er hat in der Nachkriegszeit geholfen, die Not der Slumbewohner Tokios zu lindern, die unter verrostetem Wellblech mit verschimmeltem Reis darbten.
Er hat in Gefängnissen zum Tode Verurteilte betreut.
Er hat es erlebt und überlebt, als Hiroshima im Feuersturm der ersten Atombombe in Asche zerfiel.
Hiroshima hat ihm zum Dank die Ehrenbürgerschaft verliehen. Denn er hat die Weltfriedenskirche von Hiroshima erbaut. Ohne ihn wäre die aus der Todesasche neugeborene Stadt nicht zum „Mekka des Weltfriedens" geworden.
Die Hälfte seines Lebens ist er Japan auf den Fersen: Hugo Lassalle, ein Deutscher, der inzwischen die japanische Staatsbürgerschaft und einen japanischen Namen angenommen hat: Makibi Enomiya.
„Wie kommen Sie als katholischer Missionar zum Zen?"
P. Lassalle erinnert sich: „Ich suchte einen Schlüssel zur japanischen Seele und fand ihn im Zen."
Hugo Lassalle erprobte also das Zen zuerst, um die Japaner besser verstehen zu lernen. Doch je mehr er sich dem Zen widmete, um Zugang zum Herzen Japans zu finden, umso mehr machte er die Erfahrung, daß Zen für sein eigenes religiöses Leben als katholischer Ordensmann eine Hilfe ist: „Im Zen kommt die Seele Gott bis an die Grenze ihrer Möglichkeiten entgegen."

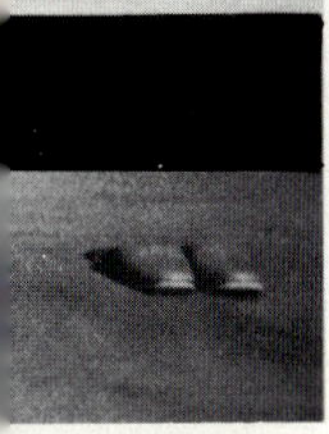

Besonders zahlreich vertreten sind bei den Zenübungen im Institut P. Lassalles die katholischen Ordensfrauen und die Priesterstudenten.

knopfautomatik, in der Hoffnung, im Zeitalter der Menschenmaschinen keine Maschinenmenschen zu werden.

Denn Zen verheißt selbst den Menschen, die in stumpfsinniger Fron an den Maschinenkultstätten ihre Zeit opfern, Selbstentfaltung. Nicht nur den Mönchen, die hoch auf dem Berg oder tief im Wald der Welt den Rücken kehren.

Den von den Lautsprechern und Leuchtschriften der Reklame bestürmten Menschen verheißt Zen die Sammlung der zerfaserten Sinne und des zerstreuten, aufgesplitterten, flatterhaften, abgelenkten Geistes.

Zen beschwichtigt die atemlose Unruhe der gehetzten und hastenden Menschen, die unter dem Druck eines rastlosen Wettbewerbs zu Überaktivität, zu nimmermüder Geschäftigkeit und Betriebsamkeit neigen und die auf der Jagd nach etwas oder auf der Flucht vor etwas sind. Zen verspricht seinen Jüngern, die Tyrannei von Angst und Ärger, Neid und Niedergeschlagenheit, Unsicherheit und Unruhe, Stolz und Sorge, Zweifel und Zorn, Geiz und Gier zu brechen.

Dem Abgestumpften verspricht es, daß sein Gefühl feiner wird. Dem Zerstreuten, daß sein Denken schärfer wird. Dem Schlaffen, daß sein Wille stärker wird.

Wohl weiß P. Lassalle die Heilkraft des Zen zu schätzen. Ihn selber hat ja das Zen von einem hartnäckigen Rheumatismus befreit.

Doch ein Gesundheitszen, das Wohlsein und Lebenskraft steigert, ist nicht das, was in erster Linie in der Zenhalle der Christen angestrebt wird. Wie in den Zenklöstern steht das Zen im Institut P. Lassalles im Dienste der Religion, nicht der Medizin und der Psychologie.

Es ist kein Schmalspur-Zen, das P. Lassalle in seinem Institut betreibt. Als Kôan, an denen bekanntlich das logische Denken verzweifelt und sich erschöpft (S. 76), empfiehlt er den zenübenden Christen Glaubensgeheimnisse, die mit der Vernunft nicht

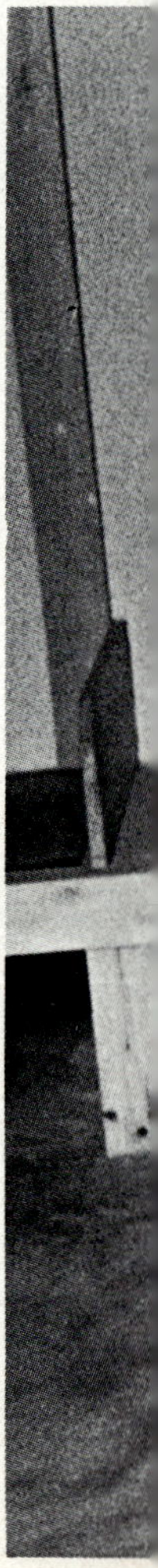

zu begreifen sind, wie zum Beispiel: „Nicht mehr ich lebe — Christus lebt in mir."
„Warum hat Christus den Judas zum Apostel berufen, obwohl er voraussah, daß er ihn verraten und für ewig verlorengehen würde?"

Lassalles Zen-Institut könnte die Keimzelle eines neuen katholischen Ordens werden, der eine Brücke zwischen der christlichen Mystik und dem Zen schlägt.
Zenmönche haben Hugo Lassalle versichert: „Zwischen euch und uns ist nur eine Wand, so dünn wie ein Stück Papier."
Zen und Mystik scheinen in der Tat nah verwandt zu sein, wenngleich die Mystik auf Körpertechniken wie Hocksitz und Atemgymnastik verzichtet.
In der christlichen Volksfrömmigkeit, die ja nicht die schwindelnden Gipfel der Mystik erklimmt, wird nur die gegenständliche Betrachtung geübt. Der Betrachter denkt betend über einen Stoff nach: über Leben und Leiden Christi, ein Glaubensgeheimnis, eine ewige Wahrheit, ein Gleichnis der Hl. Schrift, eine Tugend der

Josef Some, der Assistent P. Lassalles, pirscht sich an. Er hat einen gebückten Seminaristen erspäht, dem er durch Schläge hilft, den toten Punkt zu überwinden.

Ein Seminarist fegt die Gänge der christlichen Zenhalle: Die Körperarbeit steht wie im Zenkloster hoch im Kurs.

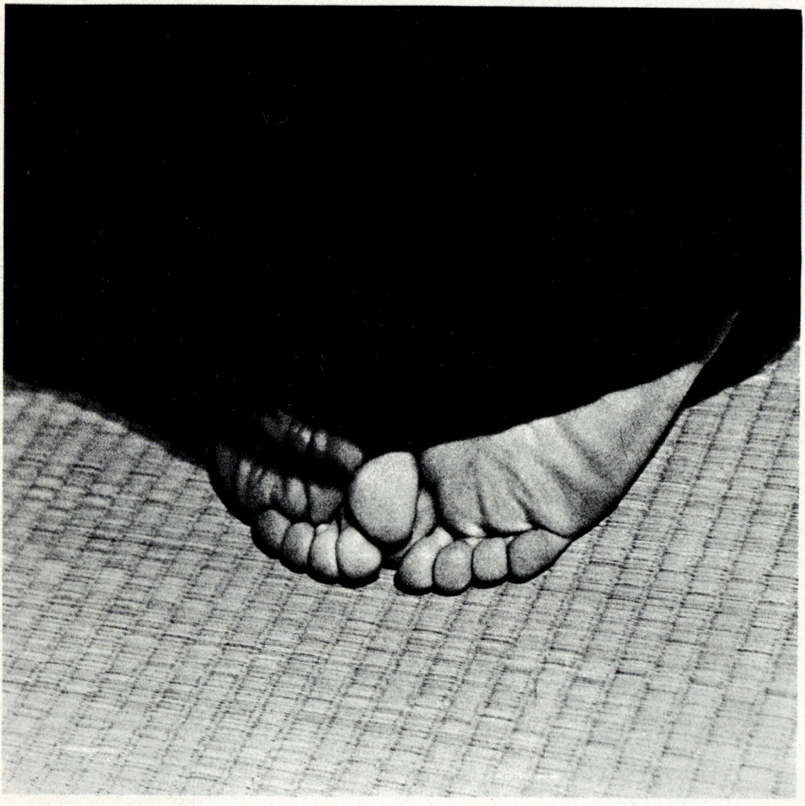

Im Zwiegespräch mit dem Zenmeister wird der oder die Zenübende, diesmal nicht im Lotussitz, sondern im Fersensitz hockend, vor den Irrungen und Wirrungen der Meditation gewarnt.

Muttergottes, ein Heiligenmartyrium usw. Das ist zweifellos ein wertvoller Weg zur Vertiefung des Glaubens, bleibt aber eine Oberflächenmeditation.
Doch die Mystik selbst wagt — wie das Zen — den Aufstieg zu den steilen Höhenwegen der übergegenständlichen Meditation, der Tiefenmeditation.
Mystik und Zen gehen dabei eine lange Wegstrecke gemeinsam.
► Erstens strebt die Mystik wie das Zen die **Versenkung** an, also die Einkehr in den „Seelengrund", einmal „Kern des Selbst", einmal „Wesensmitte", einmal „Allerinwendigstes" genannt.
► Zweitens führt der **Versenkungsweg** in der Mystik wie im Zen über die Befreiung des Geistes. Der Geist muß entleert, ausgeräumt, gereinigt werden, bis die Seele, gleichsam leibgetrennt, „reiner Geist" ist.
Der Scholastiker und Mystiker Bonaventura war es, und nicht ein Zenmeister, der gesagt hat: „Der Geist bedarf, um zur vollkommenen Beschauung zu gelangen, der Reinigung. Der Verstand ist dann gereinigt, wenn er von allen Sinneseindrükken, Empfindungen und Wahrnehmungen frei ist; noch mehr gereinigt ist er, wenn er auch von Vorstellungen frei ist; vollkommen gereinigt ist er, wenn er auch von den philosophischen Schlußfolgerungen frei ist."
„Denke das Nichtdenken!" hat Zenmeister Dôgen gefordert.
Der Versenkungsweg führt also durch die „Nacht der Sinne" und die „Nacht des Geistes", wie Johannes vom Kreuz es ausdrückte, oder durch die „Wolke des Vergessens", wie ein englischer Kartäuser des 14. Jahrhunderts sagte.
► Drittens: In der **Versunkenheit** schaut der Zenerleuchtete wie der Mystiker seine Selbstnatur, die aber im Absoluten wurzelt. Deshalb hat der Mystiker wie der Zenerleuchte-

Wenn in den Zenklöstern die buddhistischen Mönche den Sutrengesang anstimmen, feiert P. Lassalle in seiner Zenhalle mit den Christen die hl. Messe.

Josef Some, japanischer Christ mit langer Zenerfahrung: Das religiöse Gespräch der Christen mit den Hochreligionen des Ostens ist nur auf der Ebene der mystischen Erfahrung fruchtbar.

te, wenn er seines Selbst inne wird, ein Einheitserlebnis. Er fühlt sich eins mit dem Absoluten.

Für das Zen ist es **das** Absolute.

Für die christliche Mystik: **der** Absolute.

Das ist also die Weggabelung, an der sich Mystik und Zen trennen. (Wesensunterschiede im Zusammenhang mit der göttlichen Gnadenhilfe entziehen sich journalistischer Berichterstattung. So müssen wir in einem Report die Frage ausklammern, wo die natürliche Mystik endet und die übernatürliche beginnt.)

Wenn die Erleuchteten nach ihrer Wesensschau aus der Erinnerung ihr Erlebnis deuten, so entspricht die Auslegung natürlich ihrer — buddhistischen oder christlichen — Weltanschauung.

Der Zenbuddhist mit seinem „monistischen" Weltbild, geprägt von der Alleinheit des Seins, empfindet die Erleuchtung als Einssein mit dem All, als Verschmelzung von Selbst und Kosmos.

Der christliche Mystiker fühlt sich im Seelengrund mit Gott vereinigt.

„Laßt uns den Menschen machen als unser Ebenbild", sprach Gott (Gen 1, 26).

Um Gott zu finden, steigt also der Mystiker hinab zu seinem inneren Grund, wo er das Abbild Gottes ist. „Hier ist Gottes Grund mein Grund und mein Grund Gottes Grund", sagte der Vater der deutschen Mystik, Meister Eckehart.

Und Richard von Sankt Viktor, der — nach Dante — „mehr als je ein Mensch erschaute", bekennt: „Als bedeutsamsten und wichtigsten Spiegel zum Schauen Gottes findet der vernunftbegabte Geist ohne Zweifel sich selbst vor."

Für den christlichen Mystiker ist also die Selbsterfahrung eine Gotteserfahrung, weil das Selbst, die Geistnatur, ein Gleichnis Gottes ist.

Der Mystiker aber wird nicht Gott, wenn er mit Gott eins ist. Und er hat keine unmittelbare Gottesschau „von Angesicht zu Angesicht", wie sie den Seligen in der Glorie vorbehalten ist.

Verbunden mit dem Verlust des Ichbewußtseins (die Mystikerin und Kirchenlehrerin Theresia von Avila spricht von einem „Sich-selbst-Vergessen der Seele, daß ihr Sein ein Ende genommen zu haben scheint"), ist die mystische Vereinigung, Gottesgeburt genannt, eine Gotteserfahrung, die allen Zweifel tilgt.

Wenn also ein Christ Zen übt, wird er nicht wie der Buddhist im unpersönlichen All untergehen. Der Christ macht nicht beim „Es" halt, seine Endstation ist das göttliche „Du".

Ein Ordensmitbruder P. Hugo Lassalles, der Zen-Forscher P. Heinrich Dumoulin, sagt über die Zen-Erleuchtung: „Durch das gleiche Erlebnis aber kann die gottgläubige Seele in der Gottverbundenheit und Gottinnigkeit wachsen."

Josef Some, christlicher Zenmeister, unterwegs nach innen. „Reines Gebet“ nennen die Mystiker das Stillsein vor Gott.

Damit das christliche Zen in ganz Japan ausstrahlt, hegt P. Lassalle einen Herzenswunsch: Er will in seinem Institut Christen zu Zenmeistern ausbilden.
Der erste ist Josef Some, der vor Jahren über das Zen zum Christentum gefunden hat. Heute ist er die rechte Hand P. Lassalles im Zen-Zentrum.
Christliche Zenmeister wie Josef Some beweisen: Man kann Christ werden und Japaner bleiben. Sie tragen dazu bei, daß das Christentum im Fernen Osten nicht mehr als Fremdreligion empfunden wird, sondern „zu Hause“ ist.
Das Christentum genießt in Japan hohes Ansehen. Noch trifft es aber der Vorwurf, daß es mit dem japanischen Geschmack nicht übereinstimmt. Das Christentum ist „unjapanisch“, heißt es.
Wohl strengt sich die katholische Kirche im Lande der aufgehenden Sonne an, ein modernes japanisches Profil zu bekommen. Doch ist es zuwenig, wenn sich das Christentum nur äußerlich anpaßt, wenn es in Nippon statt der römischen Toga den japanischen Kimono trägt.
Das Christentum wird in Japan erst verwurzelt sein, wenn ihm die Werte der japanischen Kultur in Fleisch und Blut übergegangen sind, die Werte einer Kultur, deren Rückgrat das Zen ist.